INVENTAIRE
X 4059

DISCOURS
PRONONCEZ
DANS L'ACADÉMIE
FRANÇOISE,
Le Jeudy seiziéme de Juin M. DCCI.

A LA RECEPTION DE MONSIEUR DE MALEZIEU Chancelier de Dombes, l'un des dix Honoraires de l'Académie des Sciences;

Et de Monsieur CAMPISTRON Secretaire General des Galeres.

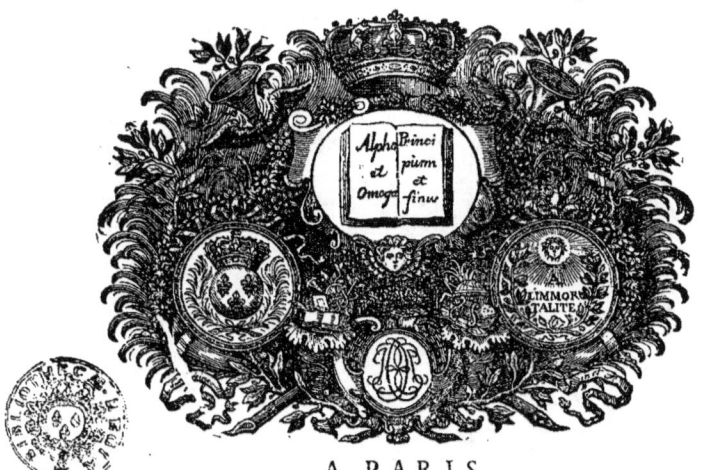

A PARIS,
Chez JEAN BAPTISTE COIGNARD, Imprimeur & Libraire ordinaire du Roy, & de l'Académie Françoise, ruë S. Jacques, à la Bible d'or.

MDCCI.
AVEC PRIVILEGE DE SA MAJESTE'.

DISCOURS

PRONONCEZ
DANS L'ACADEMIE
FRANÇOISE

Le Jeudy deuxiéme Juin M. DC. XCI.

A LA RECEPTION DE MONSIEUR DE MAINTENU
Chevalier de Dombes, Doyen des Honoraires, &
Président des Senateurs

D. de Monsieur CASTETRON Secretaire General
du Cabinet

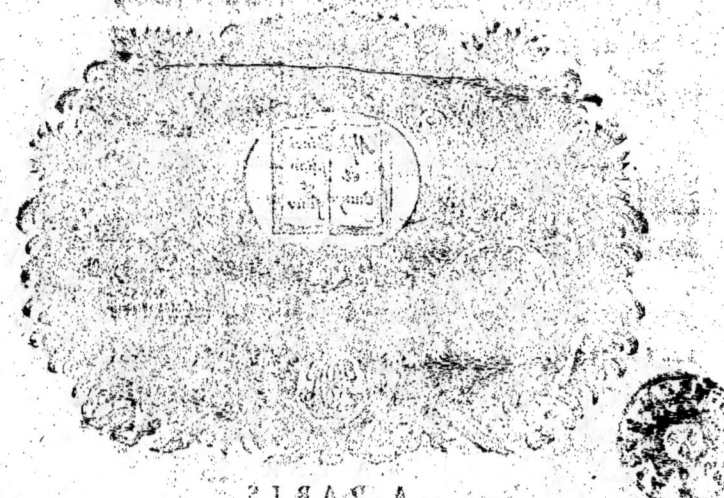

A PARIS,

Chez Jean Baptiste Coignard, Imprimeur & Libraire
ordinaire du Roy, & de l'Academie françoise, ruë S. Jacques,
à la Bible d'or.

M. DC. XCI.

AVEC PRIVILEGE DE SA MAJESTÉ.

MONSIEUR DE MALEZIEU Chancelier de Dombes, l'un des dix Honoraires de l'Academie des Sciences, ayant esté choisi par Messieurs de l'Academie Françoise, en la place de Monsieur L'EVESQUE DE NOYON; y vint prendre seance le Jeudy 16. de Juin 1701. & prononça le discours qui suit.

MESSIEURS,

Il y a des places si honorables, & tellement hors de la portée des hommes ordinaires, qu'ils ne doivent pas esperer seulement de passer pour modestes, lors mes-

A ij

me qu'ils ont assez de moderation pour ne les prétendre pas. Aussi, Messieurs, quand la mort vous enleva Monsieur l'Evesque de Noyon, j'estois bien eloigné de penser que je peusse entrer en partage d'une succession si glorieuse ; & comme les éminentes dignitez, dont le Roy avoit honoré un homme si distingué d'ailleurs, ne pouvoient regarder que des personnes illustres dans le Clergé par leur naissance & par leur capacité, la connoissance de mon peu de merite, ne me permettoit pas non plus de lever les yeux, jusqu'à la place qu'il occupoit parmi vous. Cependant, Messieurs, vous me l'accordez cette place, & vous daignez me l'accorder, avec des distinctions qui redoublent encore la confusion que je sens de m'en trouver si peu digne. Ce n'estoit pas assez que mon insuffisance me deffendist d'y aspirer ; vous veniez d'interdire les sollicitations ; & cet arrest paroissoit expressément prononcé contre mes pareils, qui ne peuvent vous solliciter ni par leurs ouvrages, ni par leur merite. Au milieu de tant d'obstacles, qui me l'eust dit, Messieurs, que je

A L'ACADEMIE FRANÇOISE.
ferois le premier fur qui tomberoit l'honneur de voftre choix, & que mon nom fuivroit dans vos faftes immortels, le nom d'un Prelat qui s'eft luy-mefme affeuré l'immortalité, par la celebre fondation du prix de la Poëfie ? Il eft vray, MESSIEURS, que l'honneur qu'elle luy fait, vous avoit efté commun jufqu'alors, que vous l'aviez tous également voulu partager, que vous ne l'auriez jamais cedé à nul autre qu'un Confrere; Mais enfin, l'on parlera d'un Academicien fi zelé pour fon maiftre, tant que l'Académie diftribuëra des Couronnes à ceux qui auront le plus dignement celebré la gloire de LOUIS LE GRAND: & ce temps n'a point de bornes : il égalera la durée de l'Empire François. Ainfi, MESSIEURS, tout obfcur, tout inconnu que j'eftois par moy-mefme, je pafferay à la fuite de mon predeceffeur, jufqu'à la pofterité la plus reculée : & quoyque mon nom ne doive eftre placé dans voftre Hiftoire que pour en marquer la fucceffion, n'eft-ce pas infiniment trop pour un homme qui meritoit de mourir dans l'oubli ? Quelle doit eftre pour vous ma refpectueu-

se reconnoiſſance : je ne puis trop le repeter, MESSIEURS, depuis l'Inſtitution de voſtre Compagnie, perſonne ne vous a jamais deu tant que moy. Vous avez meſme imité en quelque ſorte le ſouverain Diſpenſateur de la grace, qui veut bien recompenſer les dons qu'il fait aux hommes. Non ſeulement je vous ſuis redevable de la place dont vous m'honorez aujourd'huy, je vous dois, MESSIEURS, juſqu'aux moyens qui vous ont apparemment diſpoſez à me l'accorder. Il eſt aſſis parmy vous, ce grand Perſonnage qui a daigné me proteger dés mes premieres années, qui m'a ouvert l'entrée d'un pays où je n'avois aucun accés, qui a bien voulu y répondre de moy, & qui par l'authorité de ſon teſmoignage, m'a fait appeller à l'inſtruction de pluſieurs grands Princes. Voilà mon principal merite auprés de vous, & c'eſt vous le devoir, ce merite; l'étroite union qui eſt dans voſtre auguſte Corps, luy acquiert un droit de proprieté ſur les actions des particuliers qui le compoſent : ce n'eſt pas encore tout ce que je vous dois, MESSIEURS, l'honneur qu'on m'a fait de m'ad-

A L'ACADEMIE FRANÇOISE.

mettre à l'Academie des Sciences, a sans doute achevé de vous determiner : & à qui le dois-je cet honneur ? N'ay-je pas aussi devant les yeux un illustre Confrere que vous n'avez point voulu desavouër, quand il a parlé pour moy ? Ne m'avoit-il pas gratuitement associé à cette sçavante Compagnie qui depuis long-temps s'est devoüée à l'utilité publique, & en particulier à vostre propre gloire ? Ouy, MESSIEURS, ses plus importans travaux vous sont en effet consacrés; elle ne borne point ses speculations à percer les mysteres de la Geometrie, & à connoistre l'harmonie des Cieux, elle perfectionne tous les jours l'Anatomie des Mineraux & de ces plantes salutaires qui font la richesse de la Medecine; par là, MESSIEURS, elle conserve les jours des Grands Hommes que vous éternisez par vos écrits, & ses curieuses découvertes contribuëront sans doute à prolonger jusques bien avant dans le Siecle cette vie precieuse qui fait la destinée de l'Univers, qui est l'honneur de l'humanité, & l'inépuisable sujet de vos immortels panegyriques.

Que ne doit point la France, que ne doit

point le Monde entier, à ces hommes infpi-
rés, qui les premiers ont fenti l'importance
& la beauté de ces grands eftabliffemens. Il
faut le dire, Messieurs, avec cette confiance que donne la verité; celuy de l'Académie Françoife, fait autant pour la gloire
du Cardinal de Richelieu, que toutes les
autres merveilles de fon miniftere. Le
paffé nous eft un feur garent de l'avenir.
Mœcenas ne nous eft pas mieux connu
par la grandeur de fes emplois, & par la
familiarité d'Augufte, que par celle de Virgile & d'Horace: & cette longue fuite de
Roys d'Etrurie dont il eftoit defcendu, auroit peut-eftre efté fort inutile à fa memoire,
fi fes illuftres amis ne l'avoient gravée fur
des monumens plus durables que l'airain.
Quand on lit leurs divins Ouvrages, on
croit le voir encore ce Grand Miniftre fe
promenant dans fes delicieux Jardins de
Tibur, avec les Virgiles, les Horaces, les
Pollions & les Varius, les inftruifant &
s'inftruifant luy-mefme dans leur aimable
converfation, les interrogeant fur les talens
des differentes perfonnes qu'ils pouvoient
connoiftre, leur demandant avec empreffe-
ment

A L'ACADEMIE FRANÇOISE.

ment s'ils n'avoient point fait la découverte de quelque homme rare, dans le deſſein de l'appeller à ſa familiarité, & de faire tomber ſur luy les graces du Prince, dont il eſtoit le diſpenſateur ; mais ſi c'eſt principalement à ces Grands Hommes que Mœcenas doit ſon immortalité, c'eſt à Mœcenas que nous devons ces Grands Hommes. Virgile, le Grand Virgile, le fidelle imitateur du Divin Homere, luy que les plus excellens Critiques égalent à ſon Original, auroit langui dans Mantouë, privé de l'heritage de ſes Peres par le malheur des temps, & ſon eſprit, comme il n'arrive que trop ſouvent, ſe feroit ſenti des miſeres de ſa fortune, ſi la protection declarée de Mœcenas, n'avoit eſté chercher, juſques dans le fonds d'une Province rebelle, cet Homme qui devoit enfanter tant de prodiges, l'immortel Autheur des Georgiques & de l'Eneïde. Il n'y a, MESSIEURS, qu'à changer les noms : au lieu de Mœcenas, de Tibur, de Virgile, d'Horace, de Pollion, de Varius, nommons le Cardinal de Richelieu, Ruël, les Ablancours, les Vaugelas, les Balzacs, les Voitures, les

B.

Racans, nommons les Corneilles, les Racines & Vous-mefmes: car enfin, MESSIEURS, c'eſt à ce digne Fondateur de voſtre Compagnie, que l'on eſt redevable de tous les miracles d'eſprit qui ont paru depuis ſon eſtabliſſement. Il en connoiſſoit ſi bien l'importance, cet incomparable Miniſtre, que dans le meſme temps qu'il poſoit les fondemens d'une Grandeur ſuperieure à toutes les puiſſances de l'Univers, il traçoit le plan de l'Académie Françoiſe. Cet homme envoyé pour porter des coups mortels à la rebellion & à l'hereſie, meditoit tout à la fois la deſtruction de l'ignorance, qui n'eſt pas un monſtre moins dangereux aux grands Eſtats. Occupé d'une entrepriſe incroyable, & qui parut temeraire meſme aprés le ſuccés, remply de ce deſſein prodigieux qui mit un frein aux fureurs de l'Océan, il projetoit, MESSIEURS, voſtre immortel eſtabliſſement, & cet Illuſtre precurſeur de la gloire de LOUIS LE GRAND, élevoit dés lors dans ſon ſein des hommes capables de la celebrer un jour. Comme il ſçavoit diſtinguer, non ſeulement entre le mauvais & le bon; mais

A L'ACADEMIE FRANÇOISE. 11
entre le bon & l'excellent, & que les esprits
superficiels, & les ouvrages mediocres ne
pouvoient réüssir auprés de ce genie sublime, ce que la France avoit de plus exquis
& de plus rare se presenta seulement à luy;
& avec cette mesme attention qu'il don-
noit aux plus serieuses affaires de l'Estat,
il sceut choisir ces hommes merveilleux
qui formerent vostre Compagnie; par là,
MESSIEURS, il fit revivre tout d'un coup
parmi nous la Poësie & l'Eloquence, dont
il sentoit si bien les charmes, & dont il
connoissoit si bien toute l'utilité. Oüy,
MESSIEURS, les genies veritablement
sublimes le sont en tout; s'ils agissent, ils
agissent noblement; s'ils parlent ils parlent
noblement; ne reconnoist-t'on pas en li-
sant le Testament politique, qu'il est écrit
de la mesme main qui fit tomber la Ro-
chelle ? quel ordre, quelle penetration,
quelle étenduë! le Lecteur en demeure
épouvanté; & certainement, MESSIEURS,
il ne seroit pas possible d'avoir l'idée de rien
de si parfait, si un miracle encore plus é-
tonnant n'avoit paru de nos jours, & si
toutes ces grandes Leçons de politique,

n'avoient esté pratiquées, n'avoient esté surpassées dés les premieres années de LOUIS LE GRAND. Ce Prince semble avoir eu par inspiration tout ce que le Cardinal de Richelieu avoit acquis par de profondes meditations, & par une longue habitude : avant que le Testament politique eust veu le jour, avant qu'on sceust mesme qu'il eust jamais esté composé, la conduite admirable du Roy, les premieres années de son regne, en avoient esté comme une premiere édition, & quand cet Ouvrage incomparable, le dernier effort du grand Armand vint à paroistre, il parut copié d'aprés l'administration de LOUIS.

Mais où m'emporte mon zele? J'oublie insensiblement qu'il n'appartient pas à une main aussi grossiere que la mienne, de toucher un si grand sujet. C'est à vous, Messieurs, c'est à vous que l'honneur en est reservé : c'est vous qui devez à tous les Siecles le portrait de vostre auguste Protecteur : & qui aprés avoir parlé de ces incroyables exploits, de ces guerres terribles & si glorieusement terminées, par cette espée qu'il tient des mains de la

Justice, le reprefenterez à la pofterité, Vainqueur de luy-mefme, & facrifiant fes droits les plus legitimes à la paix de l'Univers. Il l'a donnée cette précieufe paix, il l'a fçaura maintenir. C'eft en vain que le demon de la guerre fait les derniers efforts pour liguer des Princes qui n'ont jamais veu fans jaloufie la grandeur de la Maifon de France; en vain il fremit de toutes parts, en regardant avec terreur les frontieres de deux vaftes Empires que le genie de LOUIS rend impénétrables à fes fureurs. C'eft un monftre bleffé à mort; laiffez-le fe debattre, vous le verrez bientoft expirer aux pieds du Vainqueur: ou fi fon defefpoir le ranimant pour quelque temps, contraint LOUIS à reprendre les armes pour luy donner le dernier coup, c'eft un nouveau triomphe que vous aurez bien-toft à celebrer. Continuez donc, MESSIEURS, continuez à exercer vos merveilleux talents fur tant de memorables circonftances que fournit inceffamment une fi belle vie. C'eft le plus grand, c'eft le plus utile fpectacle, que vous puiffiez jamais prefenter à la postérité. Quel fruit de vos veilles ! vous contribuerez à la félicité des hommes qui naîtront dans tous les Siecles, en inſtruiſant par l'exemple de LOUIS, cette innombrable ſuite de Roys, qui ſortira de ſon Sang auguſte. Vous le ferez ſans doute d'une maniere digne de vous : c'eſt le plus ſacré de vos devoirs, c'eſt le plus noble de vos employs ; c'eſt l'eſprit de voſtre Inſtitut ; vous en avez fait un vœu ſolemnel, & vos cœurs le renouvellent toutes les fois que vous vous aſſemblez dans ce Sanctuaire de l'Eloquence, où tout vous rappelle la memoire & la principale intention de vos premiers Protecteurs.

Je ne puis m'empeſcher, en la voyant cette illuſtre Aſſemblée, ſur tout en penſant à l'eſprit qui l'anime, de penſer en meſme temps à la Religion de ces peuples nombreux, qui forment la plus ancienne & la plus floriſſante monarchie de l'Orient. Vous ſçavez, MESSIEURS, qu'ils ſont intimement perſuadez, que les manes de leurs Legiſlateurs & de leurs Philoſophes, conſervent après la mort les inclinations qu'ils avoient pendant la vie, & qu'ils resident dans ces mesmes écoles qu'ils ont autrefois renduës si fameuses par tant d'admirables leçons. Ils croyent aussi que les ames de leurs parens ne quittent jamais la maison paternelle, & dans cette persuasion, ces hommes si sages & si polis leur rendent un culte continuel, depuis plusieurs milliers d'années, & taschent incessamment d'honorer par leurs actions la memoire, ou pluftoft la presence de leurs Ancestres. Vous prevenez l'application, MESSIEURS, l'on croit voir icy, l'ame du Grand Cardinal de Richelieu, l'ame du Grand Seguier, ces premiers peres de l'Academie; l'on croit y travailler sous leurs yeux; leur presence semble inspirer une noble emulation, de répondre aux hautes esperances qu'ils avoient conceuës de cette sçavante posterité. Oseray-je le dire, MESSIEURS? tout mediocre que je suis, je ne puis prononcer icy ces grands noms, sans me sentir comme élevé au dessus de moy-mesme, je prens une confiance que je n'avois jamais euë. J'entends, je voy mes Protecteurs, pardonnez-moy, MESSIEURS, si je me haste de partager cette gloire avec vous, je les voy, je les entends, qui me promettent, qui me répondent que le commerce étroit que j'auray deformais avec tant de perfonnes illuftres, choifies de leur main, nourries dans leur fein, me donnera des forces infiniment au deffus des plus ambitieufes efperances que j'aurois jamais ofé concevoir. Alors, Messieurs, alors je tafcheray de mettre en pratique vos excellentes inftructions : & comme mon intention eft, de vous remercier toute ma vie de l'honneur que je reçois, j'ofe me perfuader que je m'en acquitteray plus dignement, quand vous aurez daigné m'apprendre à donner une idée plus parfaite de ce que je fens aujourd'huy, & à exprimer par des paroles la plus jufte & la plus vive reconnoiffance qui fut jamais.

MONSIEUR CAMPISTRON
Secretaire General des Galeres, ayant esté élû par Messieurs de l'Académie Françoise en la place de Monsieur de Segrais, y vint prendre seance le Jeudy 16. de Juin 1701. & prononça le Discours qui suit:

MESSIEURS,

Quels termes faut-il que j'employe pour exprimer ma reconnoissance ? En connoissez-vous d'assez forts, & peut-il y avoir jamais une juste proportion entre ce que je

C

vous dois, & mes paroles ?

Vous daignez m'appeller parmi vous, & m'accorder une place qui fait l'ambition, la recompense, le suprême honneur d'un homme de lettres.

Croiroit-on que dans ce jour mesme marqué seulement pour vous en remercier j'eusse encore une plus grande grace à pretendre de vous ? Oüy, MESSIEURS; quelque obligé que je vous sois, quels que soient les sentimens qui penetrent mon cœur, je ne compte de recevoir aujourd'huy que la moindre partie de vostre bienfait. Le temps seul peut luy donner tout son prix, & me conduire à la fin que je me suis proposée.

Vous me distinguez par un titre glorieux. Je vous demande, j'attends de vous des preceptes & des moyens pour le meriter. Je pense beaucoup moins à estre honoré qu'à estre instruit. C'est vos lumieres & vos conseils que j'ay particulierement recherchez.

Vous me les devez, MESSIEURS, & ce n'est qu'en m'en faisant part que vous répondrez dignement aux intentions de ce

A L'ACADEMIE FRANÇOISE.
grand * Cardinal qui forma cette Compagnie, & qui eut tousjours pour elle tant d'estime, de consideration, & d'amour.

* De Richelieu.

Ce sublime Genie a voulu par les sages loix qu'il a établies, & par l'ordre de succession qu'il a prescrit, asseurer à l'Academie Françoise une gloire qui ne perit jamais; & dans cette veuë il a prétendu sans doute qu'il y auroit dans cette espece de Republique une noble Communauté, non comme au premier âge du monde des biens passagers & méprisables, mais des thresors immortels & precieux de l'esprit.

Ce fut avec les mesmes desseins qu'aprés la mort d'Armand, un illustre * Chancelier entreprit de consoler les Muses affligées, qu'il les protegea, & les recueillit dans le temps fatal qu'elles en avoient un besoin si pressant pour leur union & pour leur gloire.

* Seguier.

Cependant, MESSIEURS, quelque avantage que je doive esperer de vos Leçons, quelque heureux changement qu'elles puissent produire en moy, je seray encore bien loin de reparer vostre perte!

DISCOURS

Celuy qui par tant de raisons estoit si digne de vostre estime, & dont j'occupe à present la place, fut un de ces esprits rares que le Ciel fait naistre de temps en temps pour la gloire des lettres. Il parla en maistre le langage des Dieux & celuy des hommes. Il atteignit à la perfection de l'Eloquence & de la Poësie.

Si vous regardez * ces Ouvrages d'un caractere si singulier, ces ingenieuses productions de l'histoire & de l'imagination qu'il a si agréablement ornées. Quelle delicatesse dans les sentimens, quel tour heureux dans l'expression n'y trouve-t-on pas ? Quel meslange charmant & imperceptible de la verité avec l'invention ? Quelle maniere fine & certaine d'attacher l'esprit ; d'émouvoir, d'interesser le cœur, & d'élever l'ame au dessus d'elle-mesme ? Ce sont des chef-d'œuvres que ceux qui écriront dans le mesme genre se proposeront tousjours pour modele.

Ses Eglogues & ses Idiles peintes d'aprés la nature mesme, nous representent par tout la simplicité & les graces de Theocrite & de Virgile, & ses Elegies nous font sentir

* Zaïde la Princesse de Cleves.

A L'ACADEMIE FRANÇOISE.
toute la galanterie d'Ovide, & la tendresse de Tibulle.

Mais ce qu'il y eut de plus surprenant dans cet homme veritablement admirable, c'est qu'il sceut réünir en luy l'urbanité avec la profonde meditation des belles lettres, la retraite dans son cabinet avec le commerce du monde, l'estime de la Cour & celle de la Province, qu'il joignit encore la probité aux charmes de l'esprit, la sagesse aux agrémens de la societé ; de sorte que dans * un âge où presque tous les autres hommes ne sont plus comptez estre en vie que parce qu'on ignore leur mort ; il fit seul les délices & l'amour * d'une Ville tousjours celebre par la politesse & par l'esprit de ses Habitans, sans qu'il pût jamais souffrir la moindre atteinte de l'orgüeil avec un merite si generalement reconnu.

* Quatre-vingts - ans passez.

* Caën.

Nous le pouvons dire hardiment, Messieurs, en luy rendant la justice exacte qui luy est deuë. Son nom tiendra tousjours un rang mémorable entre ces noms fameux qui ont honoré le siecle passé, & mesme le Regne de LOUIS LE GRAND, Regne aussi illustré par les hommes extraor-

C iij

dinaires qu'il peut compter, que glorieux par la grandeur & par la diversité des évenemens qu'il renferme ; Regne enfin comparable à celuy des Heros fabuleux par les nouveaux prodiges que ce Monarque nous fait voir chaque jour.

Tantost c'est une suite continuelle de victoires ; tantost la paix accordée aux dépens mesme de ses propres avantages, à ceux qui n'osoient l'esperer. D'un costé toute la gloire d'un Guerrier triomphant. De l'autre toute la bonté d'un Prince pacifique. Aujourd'huy, c'est une nation belliqueuse & superbe qui se jette à ses pieds, pour luy demander un Roy de son Sang, qui choisit pour son unique deffenseur ce mesme Conquerant qu'elle avoit tousjours regardé comme le seul qu'elle eust à craindre, & qui ne trouve d'autre moyen pour maintenir dans toute leur splendeur ses Estats & son nom, & pour se conserver ces * mesmes Provinces qui depuis plusieurs siecles avoient esté entr'elle & nous la seule cause de tant de guerres, que d'en faire ce Heros le dépositaire & l'arbitre.

En vain les vieilles jalousies de Princes

* Le Milanois & Païs-Bas.

& de Peuples puiſſans, ſe reveillent contre ſa gloire, & leur inſpirent la défiance compagne inſeparable de la foibleſſe. En vain l'envie infatigable travaille à former de nouvelles ligues. Bien loin de donner une triſte attention à ſes fureurs & à ſes appreſts, nous ne ſongeons qu'à de nouveaux chants de victoire, ſurs d'un glorieux avenir, dont le paſſé merveilleux nous répond, & que le meſme Heros par ces admirables diſpoſitions qui preparent touſjours les grands ſuccés, rend deſja preſent à nos yeux.

Mais je ne m'apperçois pas que je m'engage inſenſiblement à traiter ce ſujet immenſe. J'ay touſjours moderé juſqu'icy la vivacité de mon zele. D'où vient qu'il s'échape aujourd'huy ? Si je luy permets de paroiſtre, ce n'eſt qu'en conſiderant que ces lieux deſtinez à retentir des éloges de leur auguſte Maiſtre, m'autoriſent en quelque ſorte dans la hardieſſe de les tenter.

Je cede, MESSIEURS, avec joye à cette noble ardeur que je ſens qui me vient ſaiſir pour m'y abandonner tout entier, & pour me joindre avec vous, puiſque vous me l'avez permis, heureux si dans ce concert de loüanges que vous consacrez sans cesse aux vertus de voſtre incomparable Protecteur, quelque ton de ma foible voix peut se faire entendre parmi les voſtres.

APRÈS QUE MONSIEUR DE MALEZIEU *& Monsieur* CAMPISTRON *eurent achevé leurs Discours, Monsieur l'Abbé* REGNIER DES MARAIS *Secretaire perpetuel de l'Académie, leur respondit en ces termes:*

MESSIEURS,

LA consternation où nous jetta l'autre jour la triste surprise d'une perte grande & publique, nous fit tellement oublier les nostres, que nous sentant alors incapables d'aucune autre chose que d'obéïr à une si juste douleur, nous fusmes contraints d'y ceder comme tout le monde, & de rompre l'Assemblée qui estoit convoquée pour vous recevoir.

Toute la Cour & tout Paris ont donné des pleurs à la mort inopinée d'un Prince aimable, qui a fait si long-temps l'ornement & les délices de la France; & qui par son attachement invariable à se tenir tousjours dans la place & dans l'ordre où la Provi-

D

dence l'avoit fait naiftre, n'a pas moins contribué au bonheur de l'Eftat, que par la fameufe journée de Caffel, où il s'eftoit acquis tant de gloire.

Mais quelles précieufes larmes n'a point fait refpandre au plus grand Roy de la terre la perte impréveuë d'un Frere fi cher & fi digne d'eftre aimé; d'un Frere qui ne luy eftoit pas moins uni par la tendreffe du cœur, que par les liens du Sang & de la Nature; d'un Frere que peu d'heures auparavant il avoit eu le plaifir de recevoir à fa table; & dans l'entretien duquel il s'eftoit agréablement delaffé des fatigues continuelles, que le foin du repos public luy fait prendre.

Dans une affliction fi generale, fi recente, & dont nous fommes encore tout penetrez, fi l'Académie Françoife vous reçoit aujourd'huy, MESSIEURS, c'eft pluftoft en quelque forte, pour vous affocier publiquement à fa douleur, que pour achever de reparer, par voftre moyen, fes pertes particulieres.

Elle en a fait, depuis quelque temps, de frequentes, qu'elle a toutes vivement fenties : & elle ne doute point que de mesme qu'elle a desja reparé heureusement la premiere, de mesme aussi vous ne luy fassiez reparer avantageusement les deux autres.

C'est dans cette veuë & dans cette confiance, qu'elle s'est portée à vous choisir: & l'obligation où vous estes de respondre à son attente est d'autant plus grande, que par les nouvelles resolutions qu'elle a prises, elle se trouve plus interessée que jamais, à voir son choix suivi de l'estime & de l'approbation du Public.

Car elle a jetté les yeux sur vous dans un temps, ou pour estre plus en estat de ne deferer ses Places qu'au merite, & pour mesnager davantage la délicatesse des personnes les plus propres à les remplir, elle s'est fait une loy de leur espargner à l'avenir les sollicitations que le seul usage avoit introduites, & qu'elle ne faisoit que tolerer.

Elle a mesme porté son attention là-dessus encore plus loin; elle s'est engagée solemnellement à n'y avoir jamais d'égard, & à déclarer qu'elles seroient plustost capables de nuire que de servir : et pour mettre à sa déliberation le sceau d'une authorité respectable à toute la Terre, elle en a rendu compte au Roy qui l'a approuvée.

Vous estes, MONSIEUR, le premier fruit de nostre nouveau Reglement : nous n'avons pas attendu que vous nous vinssiez chercher, nous sommes allez vers vous, conduits par la connoissance & par la reputation de vostre merite ; & persuadez que nous ne pouvions mieux commencer à observer la loy que nous venions de nous prescrire, qu'en vous appellant à la premiere Place qui est venuë ensuite à vacquer, & en prevenant vos souhaits par nos suffrages.

L'illustre Académicien, à qui nous vous avons fait succeder, avoit apporté parmi nous, un fonds inépuisable d'érudition ; un genie brillant, lumineux, fertile ; une présence d'esprit qui luy fournissoit abondamment sur le champ, tout ce qu'il y avoit à dire sur chaque chose ; & une facilité surprenante de s'énoncer d'une maniere tousjours vive & tousjours nouvelle sur toutes sortes de sujets.

Comme l'Académie, dans ceux de son Corps, n'envisage principalement que l'esprit & le sçavoir ; & qu'elle regarde tout le reste comme estranger ; je ne parle point icy, ny de ce qu'il a fait dans l'Episcopat, dont il a tousjours si bien soustenu l'honneur, & si bien rempli le ministere, ny de l'éclat qu'ajoustoit à son merite personnel la splendeur d'une Maison desja grande & illustre, dans les temps les plus reculez.

Mais il ne m'est pas permis icy de ne rien dire du zele ardent & affectueux qu'il avoit pour l'Académie, & pour les Lettres. La fondation qu'il a faite du Prix de Poësie qu'elle donne, en est une preuve qui durera autant que la gloire de l'auguste Prince, qui en doit faire à perpetuité le sujet: et la chaleur avec laquelle il embrassoit, en toutes rencontres les interests de la Compagnie ; le plaisir qu'il se faisoit de venir à nos Assemblées, toutes les fois que ses autres occupations luy en laissoient la liberté, nous en ont esté des marques qui nous seront tousjours cheres.

Tel estoit pour nous, MONSIEUR, celuy dont vous remplissez aujourd'huy la place : nous n'attendons pas de vous moins de zele & moins d'affection ; ce que nous

connoiſſons de vos ſentiments nous en aſſeu-
re; & ce qui nous en reſpond encore, c'eſt
voſtre attachement auprés d'un Prince, qui
nous a honorez autrefois du plus précieux
teſmoignage de bienveillance & d'eſtime,
que nous euſſions peu jamais eſperer.

Nous en conſervons ſoigneuſement la
memoire dans nos Regiſtres, où nous li-
ſons avec joye, que dans l'occaſion de deux
Places qui eſtoient vacantes, il n'avoit pas
creu qu'il fuſt au-deſſous de luy d'en ſou-
haiter une; & quoyque nous ne puiſſions
plus nous flatter d'une ſi agréable idée, que
comme d'un beau ſonge, nous ne laiſſons
pas de nous ſentir glorieux, d'avoir eu du
moins quelque part aux vœux de ſes premieres années.

Comme vous entrez maintenant en partage de nos obligations, nous nous promet-
tons, que vous ne luy laiſſerez pas igno-
rer, que le temps n'a point effacé de noſtre
ſouvenir celle que nous luy avons: et aprés
cela, convaincus comme nous le ſommes,
de l'eſtenduë, de l'élevation, & de la juſ-
teſſe de voſtre eſprit, dont je n'oſe rien dire
davantage en voſtre preſence; que nous

reste-t-il à souhaiter de vous, sinon que vous puissiez nous venir aider souvent de vos lumieres, dans les exercices qui font l'ordinaire sujet de nos Assemblées.

Que si le mesme attachement, qui vous dérobe quelquefois à la savante Académie, pour qui la Nature semble n'avoir rien de caché; qui sçait la peser dans de fidelles balances; qui en mesure l'immensité; qui distingue clairement une infinité de parties dans les moindres ouvrages qu'elle produit, & qui en connoist si bien tous les principes & tous les ressorts: si, dis-je, le mesme attachement vous dérobe aussi quelquefois à nous, nous comptons du moins que vous ne laisserez pas de tenir tousjours par le cœur, à une Compagnie qui vous a aimé la premiere.

Pour vous, Monsieur, qui succedez à un de nos plus anciens Académiciens, à un homme également recommendable par la beauté de son esprit, & par la douce facilité de ses mœurs, c'est à vous à nous faire retrouver dans vostre Personne, tout ce que nous avons perdu dans la sienne.

Né avec un heureux genie pour les belles Lettres, il se forma de bonne heure l'esprit

& le goust sur les plus grands Maistres de l'Art : et il en prit si bien le charactere, il se le rendit si propre, qu'il l'a fait passer dans tous les ouvrages, dont il a enrichi diversement nostre Langue.

Tout ce qu'il a composé se sent des grands Originaux d'aprés lesquels il a travaillé. Ses Eglogues respirent la tendresse & la naturelle simplicité qu'on admire dans celles de Virgile & qu'il est si difficile d'attraper : et sa Traduction de l'Eneide est pleine de la chaste beauté, & de la sage noblesse, qui regne dans un si excellent Poëme.

Le genre de Poësie où vous vous estes adonné, MONSIEUR, ne vous offre pas de moindres modeles à imiter parmi les Anciens : et vous avez de plus l'avantage, que nostre Siecle, que nostre Langue, que l'Academie mesme, vous en fournit qui meritent de leur estre comparez, & que peut-estre le seul ordre des temps empesche de leur preferer.

C'est en marchant sur leurs traces, dans la carriere, où vous avez desja couru si heureusement, que vous pourrez vous voir couronné comme eux par les suffrages du
Public

A L'ACADEMIE FRANÇOISE.

Public, Juge quelquefois fujet à fe tromper dans les jugements qu'il rend d'abord, mais tousjours fouverain & infaillible, quand il les confirme : Et c'eft en fuivant l'exemple de voftre Predeceffeur, dans fon attachement pour l'Académie, que vous parviendrez à vous en concilier l'affection comme luy.

Tant qu'il a peu eftre affidu parmy nous, il ne s'y eft pas moins fait aimer par fa candeur naturelle, & par l'agrément de fon humeur, qu'il s'y faifoit eftimer par les rares qualitez de fon efprit : Et lorfque l'amour de la Patrie & fes affaires domeftiques l'eurent rappellé chez luy, il crut ne pouvoir rien faire de mieux, que d'y eftablir une efpece d'Academie, pour avoir tousjours devant les yeux une reprefentation de celle, dont il avoit efté contraint de fe feparer.

C'eft ainfi que ceux, qui font éloignez de leurs amis, fe plaifent à en avoir le Portrait, pour adoucir l'ennuy de l'abfence, par une reffemblance qui leur eft chere : C'eft ainfi que Virgile nous reprefente Enée, donnant le nom de Troye à la Ville qu'il baftiffoit

E

dans l'Isle de Crete. Et c'est ainsi que dans le nouveau Monde, chaque Nation de l'Europe a donné aux nouveaux establissements qu'elle y a faits, le nom des Provinces & des Villes de son Pays.

Vous voyez, Monsieur, quel homme vous avez à remplacer: Le choix que nous avons fait de vous, vous marque assez que nous n'avons point douté que vous n'eussiez dequoy le remplacer dignement du costé des talents de l'esprit; mais ce n'est pas encore tout ce que nous avons attendu de vous. Nous nous sommes promis que vous le remplaceriez aussi du costé des sentiments du cœur; et ceux que vous nous avez fait paroistre nous confirment ce que nous en avions esperé.

Je m'addresse maintenant à vous deux ensemble, Messieurs, pour ce qui me reste à dire, & qui est regardé par l'Académie, comme la premiere & la plus essentielle de toutes ses obligations. C'est d'avoir tousjours pour principal point de veuë, dans vostre application aux belles Lettres, l'auguste Prince qui les protege en tous lieux; mais qui s'en est rendu icy le Protecteur d'une façon encore plus particuliere, de mesme que Minerve, qui protegeoit tous les Grecs, favorisoit les Atheniens d'une protection plus visible que tous les autres Peuples de la Grece.

La jalousie des Nations, au repos desquelles il avoit bien voulu sacrifier ses interests propres, s'émeut de nouveau contre luy, aigrie par les nouvelles prosperitez de son Regne. Il se couvre de l'impenetrable Egide de Minerve, prest à en prendre la lance victorieuse, s'il y est forcé : Il porte par tout, en mesme temps, sa prévoyance & ses soins ; et contre le torrent, qu'il voit de loin se former & se grossir, il oppose de toutes parts, une digue capable d'en arrester les eaux, jusqu'à tant qu'elles viennent à s'escouler d'elles-mesmes, & à se tarir.

C'est à un si grand objet, MESSIEURS, c'est à un si noble spectacle qu'il faut desormais que vous ayiez continuellement les yeux attachez avec nous : Il merite l'attention du Monde entier ; mais nous luy devons particulierement la nostre ; afin de ne rien laisser perdre à la Posterité, des actions d'un Roy, si digne de l'admiration de tout l'Univers & de tous les Siecles.

COMPLIMENT.

COMPLIMENT
DE CONDOLEANCE
DE L'ACADEMIE FRANÇOISE
AU ROY,
SUR LA MORT DE S. A. R. MONSIEUR,
FRERE UNIQUE DE SA MAJESTE',
Par M. L'ABBE' REGNIER.

IRE,

VOSTRE MAJESTE' vient d'estre touchée par un endroit bien sensible. Un Frere qui estoit rempli d'amour & de veneration pour Vous; qui dans tout le cours de sa vie, n'avoit songé qu'à Vous obeïr, & qu'à Vous plaire; & que Vous aimiez tendrement, vient de Vous estre enlevé tout d'un coup, avec des circonstances si tristes, que mesme la douleur du spectacle ne Vous a pas esté espargnée.

COMPLIMENT.

La fermeté de voftre courage, SIRE, peut Vous fournir des reffources contre toutes fortes d'accidents: mais dans un naturel auffi excellent que celuy de V. M. il eft impoffible que la fermeté de courage ne foit quelquefois contrainte de ceder aux mouvements de la tendreffe & de l'amitié; et les larmes de V. M. l'ont bien fait voir.

Elles ont efté fuivies de celles de toute la France, accouftumée depuis long-temps à reigler fes fentiments fur les voftres, & à s'affliger, ou à fe rejoüir avec Vous: C'eft à Vous maintenant, SIRE, à la confoler, c'eft à Vous à en effuyer les pleurs: mais le pouvez-Vous, fi Vous n'effuyez premierement les voftres.

Que V. M. tourne donc deformais les yeux, non plus fur la perte qu'Elle vient de faire; mais fur tant de graces, dont le Ciel a comblé fi abondamment voftre Regne; fur Monfeigneur qu'il Vous a confervé depuis peu fi heureufement, & qui n'aime pas moins en vous le Roy que le Pere; fur les Princes vos Petits-fils, qui fe rendent fi dignes de leur Ayeul; fur le partage du Second, qui remplit déja le fecond Throfne de l'Univers; enfin fur l'amour, fur l'attachement & fur le zele que tous vos Peuples & tous les Ordres de l'Eftat ont pour V. M.

L'Academie Françoife, SIRE, ne prefume pas affez d'elle, pour ofer Vous parler de fes fentiments, comme d'une chofe qui puiffe meriter d'entrer dans voftre confolation : Mais fi V. M. ne regardant que les cœurs, peut s'en faire une, d'eftre aimée, d'eftre reverée, avec le zele du monde le plus veritable & le plus ardent, nous en difputerons le prix à toute la France.

EXTRAIT DU PRIVILEGE DU ROY.

PAR Grace & Privilege de Sa Majesté, donné à Versailles le 2. Juillet 1693. signé, BOUCHER, il est permis à JEAN BAPTISTE COIGNARD, Imprimeur & Libraire ordinaire du Roy, & de l'Académie Françoise à Paris, d'imprimer, vendre & debiter, *Tous les Discours prononcez par Messieurs de l'Académie Françoise dans leurs Receptions & dans d'autres occasions differentes*, &c. pendant le temps de VINGT ANNE'ES : avec défenses à tous autres de contrefaire lesdits Discours sur les peines portées à l'original dudit Privilege.

Registré sur le Livre de la Communauté des Imprimeurs & Libraires de Paris, le 6. Juillet 1693. Signé, P. AUBOUYN, Syndic.

www.ingramcontent.com/pod-product-compliance
Lightning Source LLC
LaVergne TN
LVHW020052090426
835510LV00040B/1665